地方 不動産鑑定士の現場から

不動産鑑定士
安 木 徳 男 著

第一部

評価関与者に役立つワンポイントメモ

第二部

九州の各都市を診る －住宅地地価の視点－

「 がんばりんしゃい！　きばいやんせ！」

とうかしょぼう
櫂歌書房

は じ め に

　私は2021（令和3）年の今年、不動産鑑定士登録後43年、事務所開設後38年を迎えました。思えば長い間の「鑑定」一色に包まれた不器用な日々が回想されます。この間、公共用地、担保評価、税務署説明用、裁判用、裁判所鑑定命令、法人株主説明用などを目的とする一般鑑定はじめ、裁判所競売評価人、公的評価（地価公示、福岡県地価調査、国税局標準地、市町村固定資産税標準宅地）、土地評価部門補償コンサル業務、民事調停委員、所属団体綱紀懲戒委員、自治体委員等幅広く経験の機会を与えて頂きました。もっとも、二極化しつつある鑑定業界にあって、全国系の証券化等対応型には縁遠く、一介の地方老鑑定士に相応しいフィールドですが。

　鑑定評価先例の中には、多くの思い出深い事柄が資料にメモされ残っています。古希を迎えた区切り（実は途端に暇！）に、これらのメモを整理し自分用の「ド忘れ防止虎の巻」として、今後のささやかな鑑定活動に活かそうと企図しました。

　作業を進めるうち、これらのメモは不動産鑑定に携わる方々はじめ、公共用地、融資、宅建業、土地建物の設計や土木建築、法律、税務、会計監査等に携わる皆様、そして広く一般市民の方々にも役立つことがあるのではと考え、出版を思い立った次第です。

　従って、項目を幅広く選び多くの方々に見て頂けるよう心掛けましたが、専門家には物足りず、日常生活には必要性が乏しく「帯に短したすきに長し」の中途半端な内容になった

ようです。判断や調べ事の「取っ掛かり」に、いささかなり
とも役立つことを願うばかりです。

　本書は、第一部と第二部で構成しました。上記を第一部「評
価関与者に役立つワンポイントメモ」とし、第二部「九州の
各都市を診る－住宅地地価の視点－」は、筆者事務所（㈱ア
プレイザル福岡）で作成（2021年1月）した調査レポート「ア
プレイザル通信No28」の内容を若干加筆修正のうえ本書に
取り込みました。地方の活性化を願い、九州に生き、次世代
に「九州の輝き」を引継ぐ仲間として、広くご高覧いただけ
れば望外の喜びです。

　最後に、読者の皆様が不動産鑑定士制度に一歩でも近寄っ
て頂けることを祈るとともに、本書の編集に労を惜しまず尽
力して頂いた筆者事務所の川内清香さんと、初めての著書出
版に丁寧なご助言を頂いた櫂歌書房の東保司さんに厚く御礼
申し上げます。

　2021（令和3）年9月

　　　　　　　　　　　　　　　安　木　徳　男

本書の利用について

第一部

①不動産鑑定士の判断領域に係る部分は、あくまでも筆者の判断としてお読み下さい。

②関係行政機関の判断がないと確定し得ない事項については、本書の記述によらず読者自らの調査に基づいて確定してください。

③記載した法令等は調査時のものもあるので、読者において直前改正等最新法令等に従って下さい。

④建築基準法と都市計画法は、原則としてそれぞれ「（建）法」、「（都）法」と略し、「条、項、号」の前に付される「第」は省き、都市計画法の「市街化調整区域」は「調区」と記載した箇所があります。

第二部

作成時点は 2021（令和 3）年 1 月であり、以後のデータ変動は含みません。

第一部　分類コードと目次

A　一般要因・地域種別コラム（8テーマ）　………………7〜9
B　土地個別的要因いろいろ（9テーマ）　……………… 10〜13
C　行政機関に行きます（9テーマ）　……………… 14〜17
D　すぐ忘れる接道義務（4テーマ）　……………… 18〜19
E　最有効使用（鑑定評価の最重要概念）（4テーマ）… 20〜21
F　建物（複合不動産の時代です）（18テーマ）……… 22〜29
G　相続時鑑定は複雑さの解きほぐしから（6テーマ）… 30〜32
H　こんな案件にも出会います（8テーマ）　…………… 33〜35
I　底地・借地権は悩ましい（5テーマ）　…………… 36〜38
J　立退料（円満解決は嬉しい）（2テーマ）………… 39
K　地代・家賃（地方鑑定士の出番）（10テーマ）…… 40〜44
L　様々な鑑定評価現場　……………………… 45〜57
　（こんなことしてたらシワが増えました）（22テーマ）

　筆者の鑑定評価先例より、複雑な調査や悩ましい判断を行なった箇所をピックアップしてみました。評価関与者の方々は、「ド忘れ防止」に、そうでない方も斜め読みされて、鑑定現場の雰囲気をお楽しみ下さい。

A　一般要因・地域種別コラム

No.	分類	テーマ	コメント
1	A-1	別荘戸数等を調べる（二拠点生活が普及する可能性がある中で、常在家屋でない別荘やセカンド利用家屋の数についての出典の一つ）	「総務省統計局HP/e-stat 住宅・土地統計調査　第1表居住世帯の有無（8区分）別住宅数及び住宅以外で人が居住する建物数ー市区町村」より、「居住世帯なし・空き家二次的住宅」を抽出する。空き家二次的住宅は、「別荘」（休暇時等避暑、保養などで普段は住んでいない）及び「その他」（本宅とは別のたまに寝泊りする住宅）の合計。（括弧は筆者による）
2	A-2	林地評価について…コロナ禍において変化が見えつつあるようで、注視が必要	世界的に郊外戸建住宅の需要が高まるなか、木材価格が高騰している。国内では林業への若年層参加、一方で災害復旧に伴う用地買収等により、地価体系は複雑化している。（福岡県のタケノコ生産量は24%を占め日本一。びっくり！）

No.	分類	テーマ	コメント
3	A-3	市町村の「立地適正化計画」公表が進んでいる。（都市再生特別措置法）	居住誘導区域と都市機能誘導区域のほか、区域外でも一定規模以上の戸数になる開発や建築を行う際は、市町村へ届け出が必要。評価への影響を見極める必要がある。
4	A-4	国土交通省の「土地価格比準表」は平成28年に見直しされた（七次改訂）。その中で「農地」について、筆者には画期的と思える新しい条件が設けられている。実情に合い大変使い勝手がよくなったと思う。	「田地」、「畑地」の地域要因比準表に「宅地化条件」が追加され、「宅地化等の影響の程度」という項目が新設されている。筆者も鑑定実務では先行して当該項目を活用していたが、比準表との不整合性から解放される。用地職員や補償コンサル土地評価現場も整理しやすくなったのではないだろうか。
5	A-5	粕屋町内の鉄道に関する大きな構想が公表された。 （福岡市東区でもJR貝塚駅の構想が示された）	一つはJR福北ゆたか線の九大農場跡地（予定）付近に新駅の構想（町マスタープラン）。もう一つは令和3年6月福岡県が「福北ゆたか線接続可能性調査費」を予算計上（市営地下鉄空港線を長者原駅まで延伸の可能性について）。

No.	分類	テーマ	コメント
6	A-6	農家集落地域の定義について	「土地価格比準表」の住宅地域の地域区分で「農家集落地域」は「都市の通勤圏の内外にかかわらず、在来の農家住宅等を主とする集落地域又は市街地的形態を形成するに至らない地域」とされている。郊外の一般住宅散在地域において、農家住宅が主でなくても前述後段の「市街地的形態を形成するに至らない地域」を適用する場合がある。ただし、鑑定では拘り過ぎて適正価格を見失わないようにしている。
7	A-7	有料道路の無料化が、近接する国道の交通量に与える影響	交通量調査結果等から交通量の激減がうかがわれた。国道沿線はもともと路線商業地域を形成していたが、生活道路化し、今後は商業性が低下していくものと予測した。
8	A-8	大学周辺の賃貸マンション	医学部学生向けに特化した中高層のやや高額な賃貸マンションがあり、需要も安定しているが、供給動向に留意すべきである。筆者の鑑定事案では約1割〜2割高額だがほぼ満室。

B　土地個別的要因いろいろ

No.	分類	テーマ	コメント
9	B-1	ガソリンスタンド跡地の調査義務（土壌汚染対策法3条、4条）	ガソリンなど油類は、同法の特定有害物質ではないので、同法3条の調査義務はない（鉛などが含まれている場合は対象。また、条例で義務化している自治体もある）。ただし、同法4条の3000㎡以上形質変更時要届出制度により調査を求められる場合がある。一方、油臭、油膜などの不快感除去目的の「油汚染対策ガイドライン（環境省）」が示されている。土地取引では、自主調査を行うのが一般的であるので調査レポートを準備してもらう。なお地下タンクの撤去費は大きいので同様。
10	B-2	無道路地	取付道路を想定し、まず旗竿地としての価格を求め、当該価格から取付道路用地の取得価額※を差し引いて価格を求め、減価率を決定。 ※帯状地でない周辺標準価格より高い価格（2～3倍程度のこともある）

No.	分類	テーマ	コメント
11	B-3	警固断層直上の地域 （福岡市のwebサイトでは「警固断層に着目した建築物の耐震対策（条例化）について」がわかり易い）	福岡市（建）法施行条例6条の2（平成20年10月1日より施行）により、高さが20mを超える建築物は、建物強度（耐震性能の強化）についての努力義務があるため、建替え時の留意点となる。なお、対象となる区域は、下記①～③を根拠とし設定されている（区域表・図面あり）。 ①揺れやすさマップで計測震度6.4が大半を占める区域 ②警固断層帯南東部直上の区域 ③土地が高度利用されている区域（容積率600％以上）
12	B-4	帯状地の価値率は20％～40％が一般的	「土地価格比準表」の間口奥行・形状・地積減価に帯状地市場性減価を－50％程度加えたものが、市場実態に合致するケースが多い。（筆者経験値）

No.	分類	テーマ	コメント
13	B-5	「ため池」に隣接する土地	地盤の軟弱性がある。ただし、擁壁補強工事がなされ、リスクの程度はかなり軽減していると判断。なお擁壁の建築確認通知書（2m超える場合必要）は、古くて取得できないこともある。
14	B-6	「がけに近接する建築物の制限」（通称「がけ条例」・福岡県、福岡市いずれも5条）を受ける土地（北九州市は県条例を適用）	「がけ」の位置、高さ、予定建物の配置計画、住居位置、支障面積等勘案し、必要工事費用を中心にリスクの程度に応じて減価。なお、同条例は（建）法19条4項を補完。また高さ2mを超える擁壁は確認申請が必要。
15	B-7	奥行の短いマンション適地（中高層住居系が最有効使用の場合）	奥行15m以下では高層共同住宅立地がやや難しく、グレードやコスト面でリスクがあるため減価。ただし間口がかなり広い場合はこの限りでない。なお中層以下の共同住宅が可能であり経済比較を要する。また、方位は南北軸より東西軸の方がかなり市場価値が高い。

No.	分類	テーマ	コメント
16	B-8	近隣にも給水していた井戸のある土地	敷地内に不使用の井戸がある場合、一般的には撤去リスクとして減価を行う。本件では、近隣への給水の有無については定かでないため考慮外とした。公共水道を使っていても、庭の散水等で存置を希望する買主もいるので難しい。
17	B-9	「庭内神し」とは	敷地内に祠や鳥居がある場合、鑑定評価では土地の減価要因となる。一方、相続税法では「庭内神し」といい、その設備と社会通念上一体の物として日常礼拝の対象とされているといってよい程度に密接不可分の関係にある相当範囲の敷地や附属設備である場合には、その敷地及び附属設備は、その設備と一体の物として相続税の非課税財産に該当するようである。

C　行政機関に行きます

No.	分類	テーマ	コメント
18	C-1	地区計画決定に伴い既存不適格建築物となったパチンコ店の増築は、風営法上可能か→→右記の範囲内で可能。ただし他の法律適合性判定は別途必要	「風俗営業等の規制及び業務の適正化等に関する法律等の解釈運用基準について（通達）」第12，3…次のような行為が行われた時に営業所の同一性が失われるものとし、…新規の許可を要する。（2）営業所の建物の床面積が従前の2倍を超えることとなる増築
19	C-2	「調区」にあるリゾート地で前所有者により適法開発が完了しているが予定建物は未着工。買受所有者に開発許可の地位は承継され予定建物を建築出来るか。	本件の場合は出来ないという結論。ただし前々所有者時代のホテル（現在取壊し済）と同一用途、同規模での建て替えは可能性がある。案件ごとに十分に調査し、「別荘地」か、「宅地見込地」か、「林地」かの見極めに集中力を欠かせない。
20	C-3	宅地価値に影響が大きいので、道路法道路に車両出入口を設けたい。（道路工事承認申請）	道路法第24条により道路管理者の承認が必要。承認基準により、横断歩道、交差点、信号機等からの距離や箇所数、幅等が決められる。（占用許可は第32条）

No.	分類	テーマ	コメント
21	C-4	都市計画法の開発行為は「区画形質」の変更とされるが、この場合の「形」の変更（切土盛土を伴う造成工事）に該当するかの取り扱いについて	福岡県、福岡市、北九州市の各判断基準は微妙に異なる。「市街化区域」と「調区」に分けて地盤高の変化とその面積により、「形」の変更に該当するか判断される。50㎡、500㎡、1000㎡、30㎝、50㎝の区切りが見られるので、調査対象地の自治体で調べ評価への影響を考える。
22	C-5	開発区域に至る道路（6m以上）は、緩和規定により幅員4m以上でも可とされることがあるが、途中4m未満部分があったら？ （福岡市開発技術マニュアル第3章「開発区域に至る道路」）	当該部分の所有者と協議し整えば4m以上に拡幅する。当該拡幅地は飛地でもいいが開発区域の一部になる。（（都）法施行令25条2号但し書きに基づく福岡市の緩和規定により、4m以上でいい場合がある。さらにこの場合の道路幅員の判定で上記の取り扱いをするケースがある。確定的には福岡市開発・建築調整課へ）

No.	分類	テーマ	コメント
23	C-6	同じ集合住宅でも、長屋建てのアパートと「特殊建築物」である「共同住宅」は、建築基準法上の接道義務の扱いが大きく異なる。（都市計画区域）	長屋は、原則戸建住宅と同じ扱いで、同法43条により同法道路に2m以上の接道義務。一方共同住宅は、福岡市条例では床面積が200㎡超〜1000㎡以下の場合、4m以上（1000㎡超は原則6m）接しかつ主要な出入口が必要。従って、旗竿状の広い更地で中高層化を検討する場合、旗竿地通路幅の影響は大きいので、関係行政機関で確定的な調査が必要。
24	C-7	公園に接する土地は建ぺい率緩和の対象となるか（一方は道路で他方に公園あり）	福岡市の場合、（建）法53条3項2号の規定により建築物の建蔽率を緩和する敷地は以下のとおり。（福岡市建築基準法施行細則16条） ①周辺の長さの3分の1以上が道路，公園，広場，水面その他これらに類するものに接する敷地 ②周辺の長さの6分の1以上が幅員12メートル以上の道路に接する敷地 ※福岡県内はほぼ同じであるが、「公園、広場、水面、川」などの具体的な取扱は特定行政庁により異なる。

No.	分類	テーマ	コメント
25	C-8	（都）法34条12号の規定に基づく区域指定	市街化調整区域では、（都）法34条各号のいずれかに該当するものでなければ開発許可を得ることができないが、平成16年4月に制定された「福岡県都市計画法に基づく開発許可等の基準に関する条例」により区域を指定し、一定の条件に沿った開発が可能になった。（条例6条1項1号（根拠法令：34条12号））市街化調整区域内の「既存集落」では、まず指定区域かどうかを調査する必要がある。（路線商業地の場合は、同条13号（№L-6参照））
26	C-9	駅前広場に面する土地は角地同様の建ぺい率緩和の対象となるか	福岡県では建ぺい率緩和の対象となる「広場」については、「法令上特段の定めがないが規模については公園と同様の取り扱いとする。ただし、公園の如き広場として担保できる公共用地であるか否かにより判断する」（福岡県建築確認申請の手引き）。駅前広場についても該当する可能性はあるが、確定的には関係機関に確認する必要がある。

D　すぐ忘れる接道義務

No.	分類	テーマ	コメント
27	D-1	「但し書き道路だから家をたてられる」と耳にする。2018年（建）法43条1項「但し書き」は「43条2項2号」に改正されている。	2号は引き続き許可制。1号に該当する場合（一定の農道等）は認定制になった。なお、私道で福岡市条例による「協定道路」（特定行政庁に届出を行い受理された道路状の空地）は2号として扱われる。（関連No.D-2）
28	D-2	旧（建）法43条1項ただし書き（接道義務の特例）	平成30年の（建）法の改正により、法43条2項1号認定（新設）と法43条2項2号許可（以前のただし書き規定）となった。 2号許可における「国土交通省令で定める基準に適合する建築物」は同法施行規則10条の3第4項で定められている。（関連No.D-1）

No.	分類	テーマ	コメント
29	D-3	福岡市において幅員が一部6m未満であっても1,000㎡を超え5,000㎡以下の建築が可能となったケース	幅員4m以上の道路に敷地の外周の7分の1以上が連続して接し、かつ、その道路に接する部分に沿って、当該道路の反対側の境界線からの水平距離が6m以内の部分の敷地を道路状にし、交通の安全上支障がない状態にしたとき（（建）法施行条例27条1項ただし書き1号）は、1,000㎡を超え5,000㎡以下の建築が可能である。 なお、「同ただし書き」の2号でも可能。
30	D-4	（建）法上の道路と敷地との間に水路がある場合の接道について	架橋について管理者から占用許可を受けていれば、接道要件を満たしていると取扱われる。そうでなければ（建）法43条2項2号許可が必要となる（福岡市の場合・自治体によって異なる）。なお、占用許可を受けた部分を敷地面積に算入（建ぺい率・容積率の算定に算入）するか等についても確認の要あり。

E　最有効使用（鑑定評価の最重要概念）

No.	分類	テーマ	コメント
31	E-1	土地建物一体としての最有効使用…現在は4階建共同住宅貸ビル。1階は元家内工場で現在は仮住居仕様。周辺は店舗やや混在。	1階について、元の家内工場、店舗仕様に改装、現状の仮住居仕様を普通の住居に改装、いずれがベストか検討した。改装後の家賃や入居率及び改装費等の経済比較を行った結果、標準グレードの住居への改装がベストと判断し最有効使用とした。
32	E-2	種別近隣商業地における一般住宅敷地	更地としての最有効使用（低層店舗併用住宅敷地）と、複合不動産としての最有効使用（当面現況利用）が異なる。用途適合性の面から経済的不適応減価。

No.	分類	テーマ	コメント
33	E-3	一般住宅も多い地域内の面大地の最有効使用	マンション分譲、戸建分譲どちらも考えられるため、それぞれの場合で開発法を適用し、価格比較を行った。高値となったマンション分譲を最有効使用と捉え、戸建分譲価格を本件下限値と把握した。
34	E-4	現況病院の最有効使用の判定	医療法により定められた「基準病床数制度」があり、二次医療圏で病床過剰とされる地域においては、既存の有床病院（経営権）は既得権を持つ。現実的に病院マーケットは存在しており、病床数の足りない病院が増床目的で他病院（経営権）を買収するケースがみられる。 このことも考慮の上で、現状利用を最有効使用と判断。

F　建物（複合不動産の時代です）

No.	分類	テーマ	コメント
35	F-1	オフィスビルの経済的残耐用年数について、不動産鑑定士と一級建築士がそれぞれ意見書を作成した例	24年経過、新耐震、検済証ありの9階建で、S造とRC造の混在、屋上亀裂等の問題あり。建築士意見書をもとに物理的機能的減価を踏まえ、経済的減価を中心に20年～25年の残耐用年数と査定した。
36	F-2	戸建住宅調査で気を付けて観察する箇所	①木造と鉄骨造など複合継ぎ足し構造、②増改築などの継ぎ目、③天窓（トップライト）やドーマー（屋根に突き出た小窓）の枠、④池岸の盛土地盤上の住宅、⑤複雑な間取りなどでは、雨漏り跡、シミ、傾きなどが出やすいので注意。

No.	分類	テーマ	コメント
37	F-3	建築工事費について坪単価で会話する時は、どの床面積当りか確認が大事。	建物延床面積は、①登記、②建築基準法（法床）、③容積率対象、④共用部除く専用部、⑤固都税対象、⑥着工床等で異なる。中高層の場合では2割〜4割違う単価になるので、確認して会話したほうがいい。鑑定評価では一般に②による。また、軽易な附属家、ピロティ、消費税込みか等にも注意が必要。
38	F-4	マンションの修繕積立金	平均的には、専有面積1㎡当り150円〜200円、総額11,000円程度。築古で総戸数が少なく管理体制が充実の場合や、高級でジム等がある場合は高い傾向。新築当初は安く設定されることが多い。中古は必ず管理組合資料で積立金総額や今後の計画をチェックし「マンションは管理を買え」、「礼儀正しい住民が多い」を忘れない。

No.	分類	テーマ	コメント
39	F-5	マンションのリビングフローリングに傾きが確認された。	簡易な計測器で確認しビー玉をおいても転がった。他者の専有部分は不明だが1棟全体としては問題になっていない。対象洋室の床工事（スラブコンクリートとフローリング及びその間）に問題があるとして、積算価格、比準価格、収益価格で考慮した。
40	F-6	工業専用地域内のアパート敷地	用途指定前に建築された既存不適格建築物であり、建付減価補正を行う。
41	F-7	11階建ビルの1階部分が確認済証、検査済証では駐車場であったが、現状は店舗に用途変更	遵法性リスク（容積率オーバー、駐車場台数不足等）として（法適合回復費を中心に）観察減価を行う。

No.	分類	テーマ	コメント
42	F-8	古い事案ではあるが、構造計算書偽造問題への関与が疑われるマンション	問題がある場合、耐震診断をすることで合法性の証明になる。住人への影響が大きいので慎重に取り扱わなければならない。本件の場合、法適合が確認されていない。
43	F-9	ＲＣ造垂直擁壁（高さ2.5ｍ）のある大規模邸宅敷地	工作物（擁壁）の確認申請、検査済証の有無を調査し、擁壁の法適合性を確認する必要がある。本件では合法であったが、古い間知ブロック積等は十分注意。
44	F-10	賃貸マンション（一棟）の廊下が登記床に含まれるケースと、含まれないケース	外気分断性の有無等による。よって棟内中廊下は含まれる。登記床と法床が大きく異なる場合、再調達原価（㎡単価）は法床面積ベースで考える必要がある。なお外廊下は法床に含まれるかは関係行政機関に確認が必要。

No.	分類	テーマ	コメント
45	F-11	条例施行により容積率超過となった既存不適格建築物（マンション）	建物の残存期間は現況での継続利用が可能につき、既存不適格に係わる建物の減価は認められない（適用除外や制限緩和の特例が設けられ、建て替えが可能となる場合もあるので案件毎に確認が必要）。 なお、建物が老朽化している場合や最有効使用から乖離している場合は建付減価を行う。逆に残存期間が長ければ、増価もありうる。
46	F-12	昭和56年5月31日以前の旧耐震基準で建てられた建築物	積算価格では観察減価や一体市場性、収益価格では賃料、空室予測、資本的支出、割引率や還元利回り等で考慮。病院、店舗、ホテル、学校、老人ホーム等の建築物で、大規模なもの(要緊急安全確認大規模建築物)の所有者は、耐震診断の実施と、その結果の報告を所管行政庁にすることが「建築物の耐震改修の促進に関する法律」により義務付けられている。（結果は公表）

No.	分類	テーマ	コメント
47	F-13	コンテナの建築確認	コンテナの設置は（建）法上、建築物として扱われるため、建築確認を受ける必要がある。また、接道義務もある。 中古コンテナは買取業者が存在し、その大きさや老朽化の程度等によって価格は様々であるが、仕入転売が行われている。
48	F-14	都市計画区域外の建築物 （木造2階まで500㎡以下の場合、それ以外は建築確認が必要）	建築確認は不要であるが、工事届※が必要。県土整備事務所にて工事届台帳の閲覧が可能（証明書発行可）。 ※工事するということを届け出るだけのもので、建築主事等による法適合チェックはないが、（建）法が適用外になるわけではない。 （建築主等による自己チェックの要）

No.	分類	テーマ	コメント
49	F-15	適法性に問題のある収益物件	（建）法上、違法の可能性があるが、役所調査でも古すぎかつ数次の増築のため確定できない場合、積算価格においては建物観察減価や一体減価（市場性リスク）で考慮した。収益価格においては修繕費、資本的支出のほか、収益持続性リスクを利回りに反映させた。
50	F-16	広告塔（看板）用地	高さが４ｍ超の看板は工作物確認申請、検査済証の有無を調査の要。築造主、工作物の位置、工作物の種類（本件では広告塔）、工作物の高さ等について確認できる。

No.	分類	テーマ	コメント
51	F-17	建物のみの「部分鑑定評価」の手法は、平成26年基準で改正された。	敷地と一体化している建物については、積算価格を標準とし、適用できた場合でも建物残余法による収益価格は比較考量する手法に後退した。そして新たに、「ただし、複合不動産をもとに建物に帰属する額を配分して求めた価格を標準として決定することもできる。」と追加され、収益物件に対応しやすくなっている。
52	F-18	大規模邸宅の蛇口違反	給水管の口径によって、設置できる給水栓（蛇口）の数が市町村ごとに決まっている。大規模邸宅において蛇口が多すぎるとの指摘を水道局から受けているケースがあった。

G 相続時鑑定は複雑さの解きほぐしから

No.	分類	テーマ	コメント
53	G-1	相続に伴い一戸建て住宅を分棟する場合の鑑定。土地は2筆で、それぞれの筆上に建物が載るように分割し、出入口や外壁を設けるとのこと。	角地であり接道義務は問題なく土地は個別評価。建蔽率等チェックのうえ、建物は減築、新壁、水回り等の工事費リスクを、また、土地と一体として規模が変わること等による市場性修正を考慮し、それぞれの一軒家を評価した。
54	G-2	通路幅4m未満の旗竿地では、居宅以外の広い庭で有効活用する場合利用制限が大きいので、専門家や関係行政機関に相談したほうがいい。（都市計画区域）	（建）法の接道義務は一つの建築物で2m以上のため、4m未満では分割して他の建物敷地にすることができない。既存居宅に付随する、例えば渡り廊下でつないだ自らの診療所とかは可能。更地にすれば一般住宅のほか、長屋、床面積が200㎡以下の共同住宅などの特殊建築物も可能。

No.	分類	テーマ	コメント
55	G-3	親子で中層共同住宅を建て、土地２筆はそれぞれの所有とし、建物は子が自宅を、父は残りの貸室を区分所有した。父が亡くなり他の相続人との協議により、当該部分の鑑定を依頼された。	鑑定士はこのような複雑な案件の時に出番がある。土地は相互に使用貸借があり、建物共用部は父に属する。貸室の管理は１社。子の自宅のみ別玄関で内部グレードも異なる。これらのことを物的権利面から整理確定し、父に属する資産価値を抽出していく。悩ましいがやりがいはある。もっとも、一般的な売買であっても、買う側は「もっと安い」、売る側は「もっと高い」と双方の不満は伝わるが、喜ばれることはまずない。
56	G-4	相続でも売買でも「共有」は避けたい。	今はいいとしても世代交代期になれば、円満に引継ぎ出来ても手間がかかり、下手すればトラブルを抱える。一人所有にまとめられず、共有持分のみ売却となれば、買う人が見つからず「宝の持ち腐れ」になりかねない。

No.	分類	テーマ	コメント
57	G-5	遺産分割のための二時点評価（相続開始時・現在）	相続開始時以前に贈与を受けた土地に相続人（＝受贈者）が共同住宅を建てた場合、贈与時の状況（戸建敷地）と現況（共同住宅敷地）が異なっており、対象確定に注意を要した。また、二時点評価では地域要因・個別的要因の変動に留意の要。
58	G-6	隣地の一部（相続人経営会社）を進入路として利用する共同住宅敷地（被相続人敷地）	被相続人敷地のみでは通路幅が２mしかないことから現状の共同住宅（特殊建築物）敷地として違法状態となり、市場性の法的裏付けを欠く。また、通行権提供部分については相続人経営会社の承諾（無償）があり、確認申請上もこの通行権部分を含んだ敷地面積となっている。更に、共同住宅への出入り導線の面でも自然で現実的であり、引越等の自動車通行や停車スペースとして必要な部分といえる。以上のことから通行権部分を含む敷地を対象とした場合の単価に、被相続人敷地の面積を乗じて鑑定評価額を決定した。なお、通行権部分が完全所有権でない減価は考慮した。

H　こんな案件にも出会います

No.	分類	テーマ	コメント
59	H-1	河川法河川区域（3号地、いわゆる堤外民地）の改葬済墓地跡の価値	流水地隣接（危険性）かつ墓地跡である減価のほか、河川法による利用制限（要許可）により、14％（宅地100％として）の価値判断。私道減価、利用不可の崖地、用対連立体利用制限率、墓地底地割合等を参考とした。
60	H-2	共有通路の価値（4名均等持分、通路幅8.4m、宅地の1割で固都税課税対象、法外通路、市街化区域）	価値率10％＊持分1/4　（敷地数4の場合、幅員が8m未満であれば敷地延長による接道義務違反など、案件ごとの調査と価値判断が必要）
61	H-3	都市計画公園（市条例に基づく風致公園内の一部）の現況利用継続前提の評価	・「特殊価格」として報告 ・周辺宅地見込地価格から利用制限等による減価を考慮

鑑定対象地に「道の駅」ができました

No.	分類	テーマ	コメント
62	H-4	事故物件（心理的瑕疵物件）は減価の対象とするが、その程度は事故の内容や経過期間等による。	国土交通省で告知事項の取り扱いに関して「ガイドライン案」公表、令和３年６月18日まで意見募集した。不動産業者による売買、賃貸時の告知内容の混乱が背景にある。必読のガイドライン。
63	H-5	バス待合所敷地の貸地意見	一般的には、契約内容によるが、民法上の賃借権に基づく工作物（待合所）による利用阻害減価と、バス停留所に近接する増価を考慮。賃借料、期間、隣接自己地の最有効使用阻害等を勘案して報告。
64	H-6	メガソーラー用地	インウッド法による収益価格を算出。土地復帰価格は林地。本件は、市街化調整区域内で土壌にも問題があった。形質変更のない「ソーラー」用地として当面利用するが、長期的な安定性が確認しづらいので、「都市近郊林地」を復帰後種別とした。

No.	分類	テーマ	コメント
65	H-7	財産区所有「ため池」のうち保有保全を要しない部分の売却にあたっての評価	・「ため池」としての機能回復は必要とせず、また水利権等の付着はないものとする。 ・売却部分以外の「ため池」は保全されることを所与。 ・宅地見込地の標準的画地から比準し、必要造成費をもとに軟弱地盤の窪地であることの減価を行った。
66	H-8	太陽光発電設備（ソーラー）用地の収益価格	当面は太陽光発電設備用地としての収益性を検討し、以後はより利用度の低い雑種地に回帰するとした場合を想定し、有期還元方式により求めた。なお、①発電事業者が自ら所有地において太陽光発電事業を行うことを想定する事業モデルと、②所有地を発電事業者に貸し付け、地代を得ることを想定する貸地モデルの2パターンで試算した。①においては、収益現価の土地設備配分にやや不確実性が大きいことに留意を要する。また、今後の再生エネルギーのあり方、自然条件に左右されやすい等のリスクをもつ。

I　底地・借地権は悩ましい

No.	分類	テーマ	コメント
67	I-1	底地の鑑定は悩み多し。	底地の価格は、①地代徴収権②将来の一時金③借地権が消滅し完全所有権に復帰することによる経済的利益を要素として形成される。個別案件ごとに大量かつ複雑な要因が絡み、しかも過去経緯と将来の見込判断等時間的視点が欠かせない。地域性、正常価格か限定価格か、依頼目的、借地権の種類、収益力と持続性、復帰後の市場性等考えることが山ほどあり、方式適用過程での判断介入が多い。相続税評価と時価も争いになりやすい。
68	I-2	共同底地の一部のみ評価 （底地２人一体貸、借地人１人）	共同底地の一部であり、制約がある半面、規模（敷地全体、延床等）がかなり大きいことのリスク分散や、契約期間中の地代に対応する基礎価格は併合地としての設定が可能である等のメリットも生じる。ただし、契約残期間が短くなれば、このメリットは量的に殆ど認識できないレベルと思料され、共同であることの制約によるリスクをより考慮することとなる。

No.	分類	テーマ	コメント
69	I-3	事業用定期借地権付建物（貸家）の収益価格	有期還元法（インウッド式）により求めるが、借地期間満了により借地権は消滅し、土地は地主に返還されるので、復帰価格（借地権価格）はゼロとなる。また、建物解体費の現在価値を控除する必要がある。
70	I- 4	更地と底地混在地の一体評価	底地部分の収益価格のほか、借地権設定部分の面積割合に借地権割合を乗じて減価率を決定。更に、全土地のうち借地権設定部分が占める位置によって、支障の程度は異なると判断。本件では借地権設定地がほぼ中央部を占めていたため、残余部分の利用効率が低下することの減価を別途計上した。

No.	分類	テーマ	コメント
71	I-5	「借地権付区分所有建物」取引に随伴する旧借地法普通借地権の部分鑑定評価	不動産鑑定評価基準が平成26年に改正される以前の先例であるが、建物随伴の場合、借地権価格はゼロではないという鑑定評価書を提出した。これは改正後新基準※（現行基準）にも矛盾しないものであり、また新基準ではより明確化されているところである。 （※「借地権単独では取引の対象とされないものの、建物の取引に随伴して取引の対象となり、借地上の建物と一体となった場合に借地権の価格が顕在化する場合がある」）

J　立退料（円満解決は嬉しい）

No.	分類	テーマ	コメント
72	J-1	「損失補償基準（用対連基準）」を準用する場合の「立退料」の算定 現況は２階建であるが、契約は平家建で、２階部分（未登記）が借家人所有の造作である場合	借家人補償における標準家賃の算定にあたっては、１階部分の登記面積を採用。２階部分については躯体も含め全て工作物補償の対象とした。 （借家人の付加した造作物等は、賃貸借契約の条件で、明渡しの際に一切の金品の請求を貸主にしないことが規定されている。そのため本来は補償不要とも捉えられるが、本件では借主と貸主の衡平を図る観点から、再築価格での買取が妥当と判断した。）
73	J-2	立退料の算定 個人タクシー営業	個人のタクシー営業は、国土交通省九州運輸局（各支局）に許可申請を要し、営業区域が決められている。また、以下の制約があり、移転雑費は通常より高くなると判断した。 ・営業所（個人タクシー営業上の管理を行う事務所）は、営業区域内にあり、原則として住居と同一でなければならない。 ・自動車車庫は営業区域内にあり、営業所から直線で２km以内でなければならない。

K　地代・家賃（地方鑑定士の出番）

No.	分類	テーマ	コメント
74	K-1	ビル募集家賃（博多区祇園駅近辺）について傾向を調べた。（2016（H28）頃調査）	①賃貸面積との関係では30坪から60坪が多く、60坪を底に狭ければ高く広ければやや高い。②建築年（1975年〜2010年築）との関係では、相関度は高く35年間で約60%の家賃差（年平均1.7%）。
75	K-2	門前薬局やマンツーマン薬局（一医院への高集中）の家賃水準は、医療制度の影響が大きい。	これらの薬局は、かつて高収益で売値も家賃も独自の限定的市場下にありかなり高かった。現在、ドラッグストア、医薬分業の下での調剤料見直し、経営規模、門内解禁等により大変複雑化し、売買・賃貸ともに低迷要因が介在しつつある。加えて「継続家賃」鑑定では、過去経緯、市況推移、対象薬局の売上推移等の分析など重要な留意点が多い。

No.	分類	テーマ	コメント
76	K-3	借地権付建物の新規家賃（普通借地権のみ）	積算賃料においての基礎価格は、実務上「自用の建物及びその敷地」を採用するが、「借地権付建物」を採用する考え方もある。それぞれに対応する必要諸経費や利回りを採用するので結論は同じになる。なお借主からすれば、周辺水準が大事で、供給側（貸主）が誰であってもさほど気にしない。また、建物老朽化が進んでいる店舗などでは、営業持続性との兼ねあいで十分吟味した手法と調整検討が必要となる。
77	K-4	売上高賃料負担可能率	対象物件の業種・業態に応じた売上高と賃料負担率を査定し、負担可能な支払賃料を求めるもの。この場合に対象物件自体の売上高は、経営上の巧拙に左右され客観性に乏しいため、より一般化して採用することが重要である。

No.	分類	テーマ	コメント
78	K-5	スナック・クラブの賃料	リース店舗（内装付）と一般賃貸店舗（スケルトン貸）の賃料水準が異なることに注意が必要。リース店舗以外の賃借人による内装・衛生設備等は評価対象外となる。中洲地区においてはリース店舗が大半を占める。なお、居抜き物件の場合は前テナントへの造作譲渡代金が発生する。この場合、オーナーへの賃料は一般賃貸と同程度である。
79	K-6	新規地代算定における「賃貸事業分析法」	平成26年の不動産鑑定評価基準の改正により、新たに追加された。新たに締結される土地の賃貸借等の契約内容に基づく予定建物を前提として、当該予定建物の賃貸を想定し、新規家賃に基づく賃貸事業収益、賃貸事業費用等及び建物所有者に帰属する純収益を適正に求めることができる場合に有効である。（新築か新築間もない場合に適用）

No.	分類	テーマ	コメント
80	K-7	賃料評価における建設協力金	建設協力金の運用益が実質賃料を構成するかどうかについては、契約の実態に応じて判断すべきである。企業会計上は、賃料とは別の金融取引として取り扱われることが明文化されている。 継続賃料評価においては、建設協力金の返還による実質賃料の自然減額が問題となるため、スライド法の単純適用はできない。 （参考）昭和51年3月4日最高裁による、貸主の返還債務は新賃貸人に承継されるかについての有名な判決があるが、近年の動向を注視して頂きたい。
81	K-8	「マスターリース（一括借上）」契約の賃料	「マスターリース」では、オーナーに代わってテナント管理（プロパティマネージメント＝PMといわれるが、範囲については個別に吟味の要）を行うため、通常賃料（転借人エンドテナントとの「サブリース」契約）よりも低い水準であることが一般的である。なお、「サブリース」が「マスターリース」を含んで使われることもあるので注意が必要。

No.	分類	テーマ	コメント
82	K-9	複数の建物で構成される ショッピングセンターの うち1つの建物のみの賃 料評価	駐車場部分は賃貸借契約により全 テナントで共同利用している。基礎 価格となる土地の数量は、全敷地に 存する建物のうち、対象建物の占め る土地帰属効用割合を棟別、階層別、 位置別効用積数比率（地価配分率） によって求め、これを全敷地数量に 乗じた。
83	K-10	賃貸事例比較法における 土地面積（駐車場台数） 要因	参考として建物床面積1㎡当たり の駐車場台数を計算し、数値が大 きいほど駐車場が十分であると推 定し、「優る」と位置づけた。なお、 大型ショッピングセンターについ ては、大店法で必要台数が決まって いるものの、上記計算値は福岡郊外 部で概ね0.02～0.05、九州各県 では概ね0.04～0.06程度だった。

珍しい鑑定対象地です

L　様々な鑑定評価現場（こんなことしてたらシワが増えました）

No.	分類	テーマ	コメント
84	L-1	「建付地」の鑑定評価…平成26年改正施行の「不動産鑑定評価基準」で、右のように内容がより明確にされた。（方式も変更追加された）	主な内容は、「貸家及びその敷地」の敷地も対象に含むことや、一体となる「建物等」には構築物等が含まれ、建物所有目的以外の地役権や賃借権等が付着する場合はその状態を所与とすることなど。方式は3方式から4方式になった。
85	L-2	旧産炭地（特に事業所や貯炭場の痕跡がある場合）	九州経済産業局鉱業課にて地下の石炭採掘状況を調査。「採掘跡がある」という結果を得たが、「深いので安定しており、被害はないと思われる」ことから減価なし。浅所であれば陥没の可能性。
86	L-3	鉱害賠償支払登録	「鉱害賠償支払登録」が登記されている場合、もしも鉱害があった時、以後の賠償見込みがないので減価。

No.	分類	テーマ	コメント
87	L-4	早期売却価格	通常の市場公開期間より短い期間で売却することを前提とするもので、買主が限定されること等に起因する減価を行う。 なお、「不動産鑑定評価基準」[※]では「特定価格」について、民事再生法に基づく処分の場合を例示している。（※「正常価格」、「限定価格」、「特殊価格」及び「特定価格」がある）
88	L-5	開発許可を要する規模の宅地見込地に、部分的な開発法を適用したケース	市街化区域 2,000 ㎡。接道状況から開発許可は得られない土地であるが、許可不要（1,000 ㎡未満は建築できる場合）部分のみに適用。開発許可不要規模（残余土地は現況農地のまま）のみでの開発を想定して開発法による価格を求め、残余農地の価値を加算。

No.	分類	テーマ	コメント
89	L-6	県道沿い市街化調整区域の宅地見込地	(都)法34条1号に該当する周辺居住者の日常生活のため必要な物品の販売、加工若しくは修理その他の業務を営む店舗等が主に許可される。幅員9m以上の国道又は主要地方道（市町において、あらかじめ路線を指定※している場合は当該指定国道又は指定主要地方道に限る）であれば(都)法34条9号のドライブイン等立地の可能性。 ※ 福岡県内で路線を指定している市町 大牟田市、小郡市、筑紫野市、糸島市（旧前原市域）、新宮町、苅田町、福津市（旧福間町域）

No.	分類	テーマ	コメント
90	L-7	第一種低層住居専用地域内の大邸宅敷地で遊休的土地（斜面地庭園やテニスコート）を含む超広大宅地の評価	建物（2棟）配置と遊休部分の状況等から3区分し、それぞれの価額を求め、次に一体としての市場性判断を行い評価額を決定。主に以下の内容により一体としての市場性減価を行ったが、各画地内の減価と二重計上になっていないかの吟味が必要。 ・総額が大きくなることによる市場性減退。 ・遊休土地割合が大きく、庭園等としての継続は特殊な能力者に限定される。 ・現建物を現状のまま継続利用できる通常マーケット人は極めて希少

No.	分類	テーマ	コメント
91	L-8	インウッド法による収益価格算定の際に立退料を考慮したケース	「貸家及びその敷地」において有期還元法を適用する際は、賃貸借契約の内容（建物老朽時期を超えることが確実な契約等）によっては立退料の現在価値の控除を考慮することが現実的な場合がある。直接控除するか、取壊し費に一括計上するか、利回りに反映するか等案件に応じて検討する。
92	L-9	準防火地域の「建ぺい率」に関する法改正	令和元年の（建）法の改正により、準防火地域の耐火・準耐火建築物の建ぺい率が10%緩和されることとなった。（指定80%の地域内で、角地による緩和あれば100%。なお、防火地域は角地でなくても耐火等であれば100%）

No.	分類	テーマ	コメント
93	L-10	地価公示法公示価格との均衡 （同法8条の「規準としなければならない」に抵触するかは悩ましい。）	取引事例からの比準価格と、地価公示価格からの規準価格との開差が20%を超える場合がある。激変時のほか、事例が大変少ない地域や、複合不動産取引での一体諸経費を含む場合（特に新規分譲）、収益価格での土地代参考配分時など、更地前提の公示価格との均衡検討はいよいよ悩ましい時代となった。
94	L-11	市街化調整区域内の別荘地	（都）法の許可不要で建築可能な用途は、調整区域線引時の状況によって画地毎に異なる。線引時の既存建築物と同じ敷地で、同一用途、規模が同一の増改築は原則的に許可不要。

No.	分類	テーマ	コメント
95	L-12	林地の評価における要因調査は楽になった。	「ふくおか森林オープンデータ」（福岡県農林水産部）の活用が便利である。森林計画図が表示され、森林法5条に基づく「地域森林計画対象民有林」であれば、林班、樹種、林齢、林種、ha 当たり材積などを調べることができる。
96	L-13	土壌汚染対策法11条に基づく「形質変更時要届出区域」に指定されている土地 （他に同法6条「要措置区域」がある）（3,000㎡以上の土地の形質の変更は上記にかかわらず届出必要（4条））	土地を形質変更する場合、着手する14日前までに届出が必要。土地所有者が汚染の除去を行った場合には区域指定は解除となる。指定中の区域だけでなく、解除された区域も閲覧することができる。一般管理区域のほか、埋立地管理区域、埋立地特例区域、自然由来特例区域の分類がある。

No.	分類	テーマ	コメント
97	L-14	土壌汚染対策法の「形質変更」とは。(都)法の開発行為より広く適用されるか。	土地の形状を変更する行為全般（掘削・切土・盛土等）が該当する（盛土等対象外あり）。 (都)法の開発行為の形質変更とは定義が異なり、開発許可が不要な事業でも、土壌汚染対策法の届出対象となる可能性がある。
98	L-15	建物が賃貸されている場合のショッピングセンターの評価	「貸家及びその敷地」であり、収益価格を重視することとなる。各テナント毎に異なる賃料決定方式※に留意の上、レントロールを整理する必要がある。 　※①固定賃料、②固定賃料＋売上歩合賃料、③売上歩合賃料、④最低保証付売上歩合賃料 また、積算価格算定における建物再調達原価の把握においては、対象となる工事区分（テナントの内装、設備の一部は含まない）に留意の要。土地価格については、大規模画地としての減価把握に注意を要する。

No.	分類	テーマ	コメント
99	L-16	共有持分の市場性減価	不動産が共有持分により所有されるのは、共有道路を隣人で持ち合うこと以外では、その殆どが家族又は縁故によるものである。この場合、第三者がそのような家族関係に入り込むことについて拒否感は強く、持分が単独で売買対象となることは殆どない。従ってこの面からは、持分のみ売買は大きな市場性リスクを持つと考えられており、持分市場価値のベースとなるものである。ただし、持分権者による買取等、持分のみ売買市場が全く存在しない訳ではない。

No.	分類	テーマ	コメント
100	L-17	「財務諸表のための価格調査の実施に関する基本的考え方」脚注1による原則的時価算定に準じた算定	脚注1により、相対的に説得力が高いと認められる鑑定評価の手法の選択適用により求められた価格や適切に市場価格を反映していると考えられる指標に重要な変化が生じていない場合には、直近の不動産鑑定評価基準に則った鑑定評価（又はそれ以外の原則的時価算定）に適切な調整を行った時価算定が可能。つまり、これによる時点修正後価格も企業会計基準等に規定する時価に該当。
101	L-18	レジャーホテル収益価格の留意事項 （No. L-19 参照）	一日に複数客が利用するのが一般ホテルとの違いであり、清掃が重要となる。またリニューアルの継続が鍵。鑑定評価額にはホテル運営権や付随するFF＆E（営業用家具や什器備品）は含まないが、収益価格の試算値はそれらを含んだものとして試算されるため、下方修正を吟味の要。

No.	分類	テーマ	コメント
102	L-19	レジャーホテルの評価 「風俗営業等の規制及び業務の適正化等に関する法律」第2条6項第4号で定められた店舗型性風俗特殊営業（4号ホテル）	4号ホテルは営業運営について原則一代限りとして処分性が殆ど遮断されている※。また、既存4号ホテルでは増改築等は厳しく制限されている。 土地建物の売買は可能であるが、第三者が購入した場合、通常の旅館業法の非4号ホテル等に改造するか、非ホテルへの用途変更、更地化などすることとなる（なお近年会社の売買で営業継続することがある）。収益アプローチにおいては、4号所与の運営収益でなく、改造後非4号収益を想定して試算値を求めるべきである。 ※禁止区域外では、4号ホテルの土地、建物、運営権のセット売買が可能。

No.	分類	テーマ	コメント
103	L-20	（都）法第34条9号による開発可能性のある市街化調整区域内土地 　（交差点近接のＧＳやレストラン等）	左記（都）法適用の要件は、道路から交通上支障なく出入りできる場合のみである。また、「休憩所」の場合は原則として、客席数の半数以上の駐車台数が必要となる。 一方、駐車場法施行令（7条1項）では交差点内及び交差点側端5m以内の道路部分には路外駐車場（500㎡以上）の出入口の設置は禁止されており（平成30年一部改正された。（都）法で同一内容の運用基準を設けている自治体もある。）、交差点付近の土地は鑑定評価上注意を要する。

No.	分類	テーマ	コメント
104	L-21	農地の評価も要因調査が楽になった。	「全国農地ナビ（農地情報公開システム）」（一般社団法人全国農業会議所）の活用が便利である。地番検索から農地詳細情報が表示され、面積、農振法区分、賃借権等権利設定の内容、遊休農地関係などを調べることができる。
105	L-22	登記と現況の地積の差が大きいケース	2筆一体画地の現況測量図と、2筆の登記合計との差が大きいケースがあった。法務局地積測量図が1筆分のみ存し、残りの1筆の数量に差があると考えられ、現地計測等により評価数量を確定した。法務局公図が「地図に準ずる図面」の場合（法14条地図でない場合）、現況計測との整合により注意する必要がある。

第二部　序

　頻発する大災害、信じ難い新型コロナウイルス禍、暴走するグローバルマネーの岩盤化とそれを背景とする格差社会の深刻化等、どうも世相は暗いサイクルにあるようです。

　このような中、人材、情報、富、権力等を吸い込み続ける東京一極集中と、反対側にある地方の衰退の問題に、ささやかながら転換の兆しも見え隠れしているようにも感じられます。

　地方の再生化、地方での幸せ感の充実に願いを込め、不動産鑑定の日常業務の一部を素材として、九州内主要都市の足下を、住宅地地価と都市属性の相関性を通じ、眺めてみようと思いたったところです。

　すなわち、主要都市の各属性を、住宅地地価との相関グラフにして、散布傾向を把握してみるものです。散布図で概ねの傾向は掴めますが、あわせてエクセルに準備してある近似曲線を表示しました。なお回帰分析については学術上のチェックは（能力がないため）行っていませんので、誤りがないとも限りません。ご容赦下さいませ。

　厳しい現実も観察されましたが、「東アジアで輝く九州」への願いも強くもなりました。それぞれの都市と「がんばりんしゃい、きばいやんせ」を共にしつつ、グラフ等をご笑覧頂けたら幸いです。（末尾の「おわりに」に「思い」を放言しています。）

第二部は、筆者が代表を努める不動産鑑定士事務所（株）アプレイザル福岡で、2021年1月に作成した調査レポート「アプレイザル通信№28」を、一部加筆修正のうえ本書に取り込んだものです。

　なお、「アプレイザル通信№28」のデータ整理については、花田美和さんにも手伝って頂きましたので、ここに謝意を表します。

第二部の目次

1．データ一覧表（表1） ………………………… 62〜65
（「属性データの説明」含む）

2．住宅地地価と属性別データの散布グラフと近似曲線
 ……………………… 66〜83

グラフB〜グラフG（B〜Gは表1に対応）

3．その他のコメント ……………………… 84〜95
 (1) 総額について
 (2) 住宅地地価（A）と重相関係数（R²）の高い所得指数（D）
  とDID比（E）を採用し重回帰式（式M）を適用した場合
  の公表値と推計値
 (3) データ外市町について式Mを適用した場合の公表値と推定値
 (4) 感想

おわりに（やがて、九州がおもしろいｉｎ東アジア）
 ……………………… 97〜99

1. データ一覧表

		A		B
		住宅地平均価格 円/㎡	地点数	平均面積 ㎡
1	北九州	56,300	87	265
2	福岡	144,500	106	309
3	大牟田	24,300	16	265
4	久留米	43,400	35	335
5	飯塚	18,900	21	357
6	大野城	109,200	9	306
7	糸島	34,400	18	332
8	佐賀	32,100	28	360
9	唐津	17,400	22	430
10	長崎	45,900	62	254
11	佐世保	27,500	49	245
12	諫早	25,800	26	316
13	熊本	64,400	86	245
14	八代	18,000	21	332
15	大分	50,500	57	276
16	別府	39,000	16	223
17	宮崎	47,400	44	317
18	都城	16,400	25	411
19	延岡	24,800	21	293
20	鹿児島	90,200	64	235
21	鹿屋	8,200	11	480
22	霧島	15,400	21	341
	平均	43,364		315

表 1

C	D	E	F	G
人口 人	所得指数	DID比 %	65歳未満比率 （1-65歳以上率）%	単身世帯比率 （65歳未満）%
935,084	84.6	89.9	71.2	22.7
1,603,043	104.2	96.6	79.7	39.2
110,054	65.3	82.6	65.5	16.3
302,858	84.9	61.7	75.0	22.3
126,136	73.0	38.5	71.2	21.3
101,603	97.9	96.3	79.7	20.5
98,527	77.9	52.0	73.2	12.4
232,689	86.1	58.8	74.3	22.4
116,532	68.4	29.3	70.8	13.7
406,685	79.7	73.1	71.4	23.6
243,947	77.5	59.6	71.2	20.0
134,079	75.0	43.9	72.9	15.7
738,888	87.1	79.3	76.1	25.8
122,407	68.3	43.3	68.3	15.6
477,327	89.5	71.7	75.7	24.6
116,652	69.2	88.2	68.7	26.2
397,588	82.0	69.4	75.0	24.3
160,270	68.4	38.4	71.1	17.5
118,252	67.1	65.7	68.9	17.7
594,362	84.0	80.4	75.8	27.0
100,906	67.5	28.9	72.6	19.9
123,781	73.2	39.0	74.8	22.2
334,621	78.7	63.0	72.9	21.4

A〜Gの説明

A. 令和2年都道府県地価調査の住宅地平均価格

　国土利用計画法施行令に基づき、都道府県知事が、毎年7月1日時点における標準価格を判定。国土交通省において全国分をとりまとめ公表している「令和2年地価調査結果の概要」より、第12表「地方圏の人口10万人以上の市における住宅地の平均価格」によった。ただし本稿は九州地方主要都市の全国的な傾向を俯瞰することを目的としており、福岡都市圏の地価体系下にあり大野城市と類似の傾向を示すと思われる春日市と筑紫野市は分析の対象から除いた。また福岡市、北九州市、熊本市は各区別平均価格も掲載されているが、市平均のみを採り上げた。

　（当社注：選定された地点の平均価格であり、当該市の全敷地平均を示すものではない。広域合併や市街地の偏在性等を勘案した厳密なデータの収集整理は困難である。）

B. Aと同時に公表されている個別地点データの地積をもとに当社において集計し平均値を求めた。

　（中央値はもっと小さいと思われる。）

C. 令和2年9月1日の推計人口（各県WEB）。なおAで採用されている「人口10万人以上」とは各市令和2年1月1日の住民基本台帳による10万人以上人口であり、本稿とは一致していない。

D～G．総務省「統計でみる市区町村のすがた 2020」による

Dは上記より当社にて各市の「課税対象所得 (2018) ÷
総人口 (2015)」を全国平均 100 とし算出した。

Eは上記より当社にて各市の「人口集中地区人口 (2015) ÷
総人口 (2016)」により算出した。

Fは上記より当社にて各市の「1 － 65 歳以上の人口割合」
により算出した。

Gは上記より当社にて各市の「国調単身世帯比－ 65 歳
以上の高齢単身者世帯比」により算出した。

2．住宅地地価と属性別データの散布グラフと近似曲線

グラフについて

・各属性毎に、22 市全体、県庁所在及び政令市 8 市、その他
14 市にグループ化対応させて、例えば属性Bであれば、グ
ラフB、グラフB 1、グラフB 2 と表示した。
・近似曲線はエクセルに準備されている単回帰分析各式の中か
ら、①重相関係数（R^2）が高く、かつ、②常識に合う傾向を
示している式を採用している[注]。なお傾向から大きくずれる
ことの多い福岡市と大野城市は、他の要因が主に作用してい
るので、グラフによっては除外して近似曲線を掲載した。

(注) 単回帰における近似曲線の選択は、統計学上誤りがあるかも
しれないことを所与としてお読み下さい。

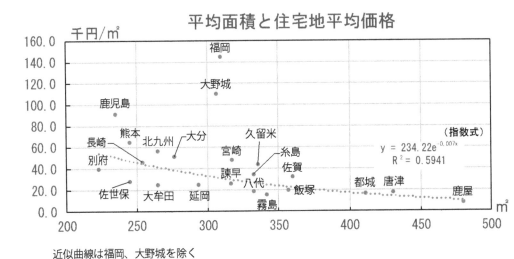

平均面積と住宅地平均価格

近似曲線は福岡、大野城を除く

- 福岡市、大野城市を除く近似曲線では比較的高い相関性を示しています。
- 福岡市はマンション適地の地点も多いので、平均面積はやや大きいです。
- 大野城市は福岡都市圏価格体系要因が強く作用し高いです。

グループⅠ　　　　　　　　　　　　　　　　　　　グラフ B1

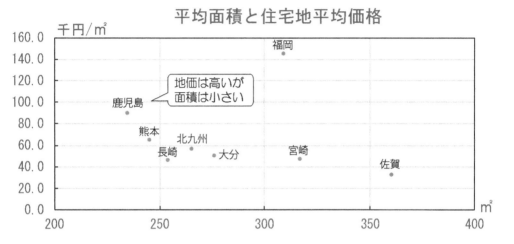

・鹿児島市は郊外団地が多く高い造成コストが反映されています。
　ただ総額との関係で面積は小さいです。

・グループⅠでは、さすがに大きな平野部では平均面積は大きいです。

平均面積と住宅地平均価格

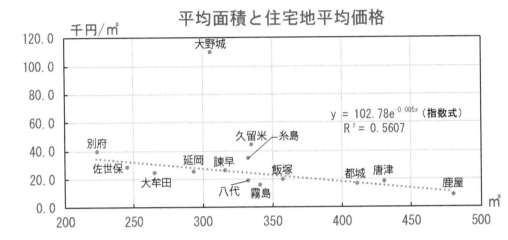

近似曲線は大野城を除く

・グループⅡでは、相関度は高いです。

　なお、近似曲線は下に凸の指数式が最も重相関係数が高くなっています。

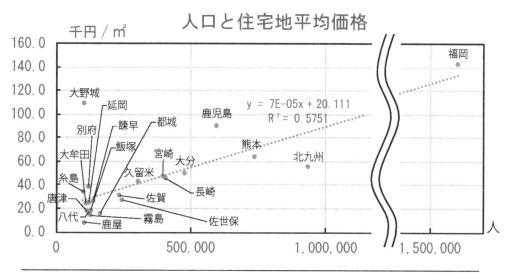

人口と住宅地平均価格

千円／㎡

$y = 7E-05x + 20.111$
$R^2 = 0.5751$

コラム「枝豆のたわ言（1）」邪馬台国対流道路

これからの過疎対策は都心集中放射系に加え対流（環状）道路が必要

邪馬台国対流道路

既存幹線道と
新設道路の組合せ。
小型シャトルバス

新体系道路により、過疎化地域と都市にヒト、モノ、カネ、情報、技術、
文化、「人様お陰様」の対流を促し、雇用の場を産み出す。(2016.7)

グループⅠ　　　　　　　　　　　　　　　　　　グラフＣ１

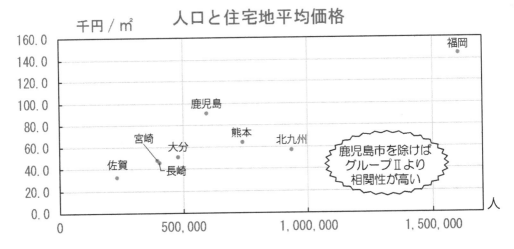

千円 / ㎡　　　人口と住宅地平均価格

鹿児島市を除けば
グループⅡより
相関性が高い

人

　コラム「枝豆のたわ言 (2)」なんとなく明るい話

　なんとなく、明るくなる「たわ言」を一つ。私はかなり前から、「二拠点生活」の社会システム化を言い続けてきました（2008年8月アプレイザル通信22号）。2016年7月同26号では「対流型社会」を、そして2021年1月同28号では「関係人口の創出」の言葉に、地方活性化への思いを託したところです。そして信じがたいこのコロナ禍では、三密回避テレワーク推進を背景に、改めて移住や二拠点化が脚光を浴びています。重要なテーマですから大きな関心を持ち続けていきたいと思います。

　さて明るい話は、同通信26号で、地域対流圏の視点から、北部九州の「邪馬台国対流道路」を夢としてイメージしたところです。ところがいつの間にか、正夢となってその土台が相次いで整備されていました。具体的には2018年12月県道八女香春線の合瀬耳納トンネル、2019年11月国道322号八丁トンネル、そして2021年3月の有明海沿岸道路の有明筑後川大橋がそれぞれ供用開始され、通信26号でのイメージ図とほぼ重なっていたのです。（つづく）

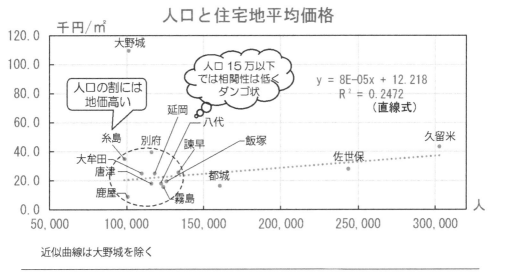

人口と住宅地平均価格

千円/㎡

y = 8E-05x + 12.218
R² = 0.2472
（直線式）

人口15万以下では相関性は低くダンゴ状

人口の割には地価高い

大野城　延岡　八代　糸島　別府　諫早　飯塚　久留米　大牟田　唐津　都城　佐世保　鹿屋　霧島

近似曲線は大野城を除く

　仕事のついでに、いずれも通ってみましたが、素晴らしいの一言に尽きます。筑豊から朝倉、浮羽、星野そして佐賀方面に行きます。星野は福岡から杷木IC経由で合瀬耳納トンネル越えの方が快適です。「棚田」の横を走ります。「邪馬台国対流道路」としては、これを土台として観光等の対流人口の増加やテレワーク移住、歴史、文化等ソフト面での仕掛けの強化等が進めばいいなと、夢が膨らみます。

　辛いコロナ禍ですが、トンネルと大橋の向こうに、明るい「地方の時代」が創出されるよう願ってやみません。

（古代史はかなり乱読していますが邪馬台国に的を絞っていません。ただ感触としては「九州だな」と思っています。）

　　　　　　　　　（2021.5（株）アプレイザル福岡　HPより）

グラフD

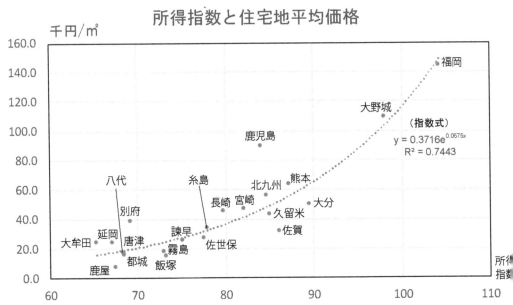

所得指数と住宅地平均価格

千円/㎡

（指数式）
$y = 0.3716e^{0.0575x}$
$R^2 = 0.7443$

・指数式の R^2 が高く、やや下に凸（所得指数が高い程、地価増加程度が高い）。

・曲線からのバラツキは小さく地価の決定要因として重要。

グループⅠ グラフD１

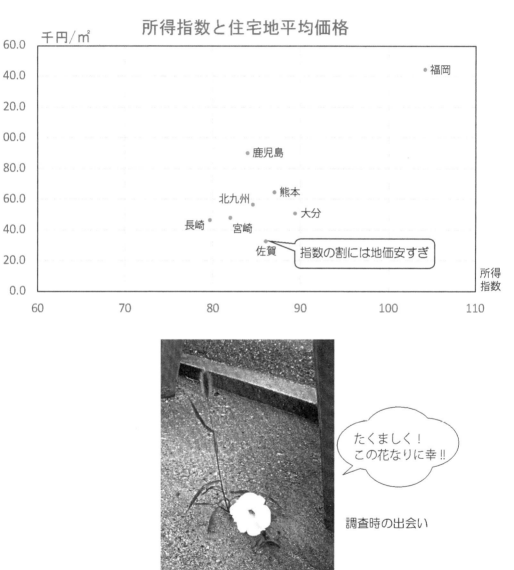

所得指数と住宅地平均価格

佐賀 → 指数の割には地価安すぎ

たくましく！
この花なりに幸!!

調査時の出会い

所得指数と住宅地平均価格

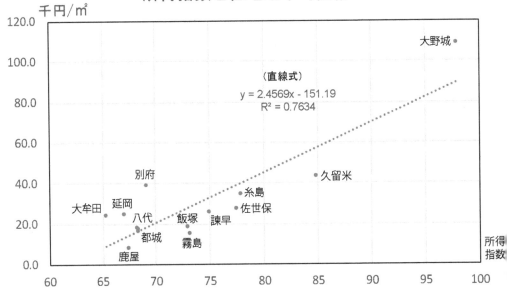

・かなり比例的で、別府市は所得指数からすれば地価は高い。

全部 グラフE

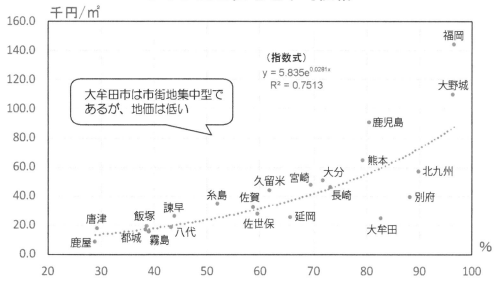

・相関性は高い

グループⅠ

グラフE1

ＤＩＤ比と住宅地平均価格

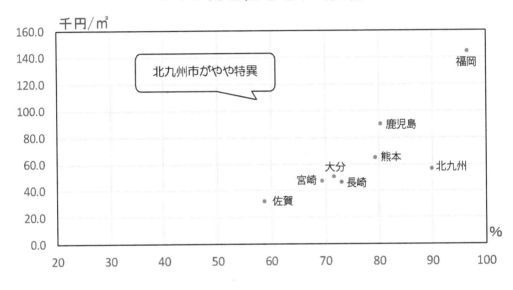

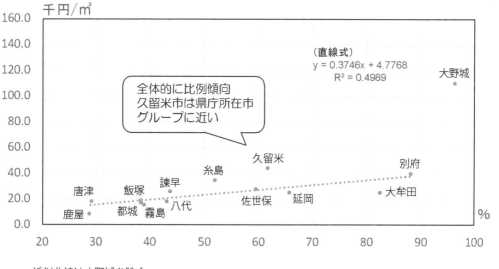

ＤＩＤ比と住宅地平均価格

近似曲線は大野城を除く

調査時の出会い

全部　　　　　　　　　　　　　　　　　　　　　　グラフF

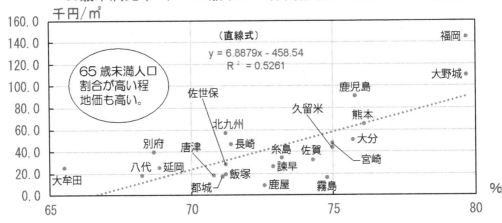

65歳未満比率（1－65歳以上＝非高齢者）と住宅地平均価格

全部　　　　　　　　　　　　　　　　　　　　　　グラフF

65歳未満比率（1－65歳以上＝非高齢者）と住宅地平均価格

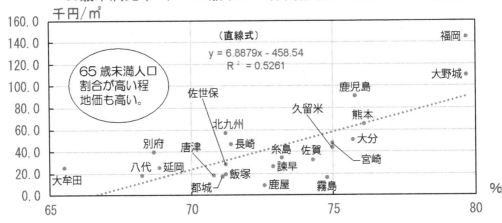

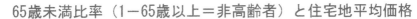

65歳未満比率（1－65歳以上＝非高齢者）と住宅地平均価格

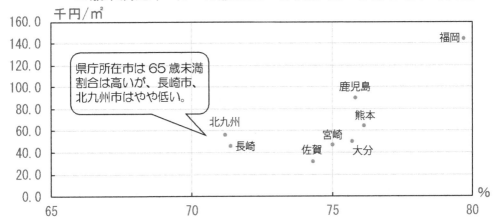

グループⅡ　　　　　　　　　　　　　　　　　　グラフF2

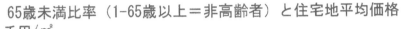

65歳未満比率（1-65歳以上＝非高齢者）と住宅地平均価格

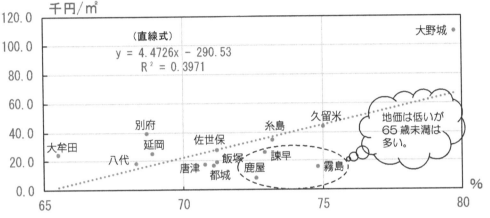

千円/㎡

(直線式)
y = 4.4726x − 290.53
R² = 0.3971

地価は低いが
65歳未満は
多い。

コラム「枝豆のたわ言 ⑶」イナカ型大都市圏

　平成28年7月8日開催の福岡土地活用懇話会（通称 LUM. 事務局㈱アプレイザル福岡）第30回記念例会時におけるパネルディスカッションで、筆者が行なった基調報告の要旨です。

・過疎化は限界集落のみならず、広く本格化しつつあります。これらはいわゆる「田舎」になりますが、「日本の原風景」であり、水の分け合いや、田植、稲刈に源のある「日本人の助け合いの精神的土壌を培った原点」と考えます。

・戦後、我が国の産業構造をどのようにもっていくかの選択論争があったようです。消費財重視（農業等）か生産財重視（重化学工業）かですが、後者重視の傾斜産業方式が採用され今日に至っています。その中間にボタンをかけていたら、今日の日本はもっと変わっていたことでしょう。（モノ、カネの面ではやや貧乏かもしれませんが）

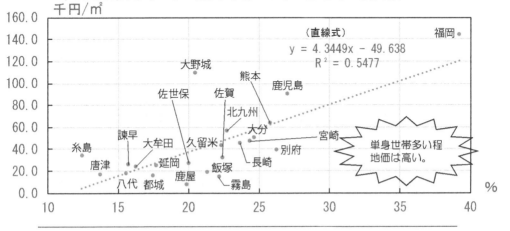

単身世帯比率（65歳未満）と住宅地平均価格

・その結果、地方には大きな副作用をもたらし、いわゆる「田舎」は「人がいない」、「地元から湧きでる産業は低迷」、「荒地は一杯」になるとともに、「原風景」や「精神的土壌の原点」はいまや衰退、消滅にまっしぐらです。今私達は何百年に一度の歴史の大転換点に立ち会っているのかもしれません。

・大勢は変わらないにしても、せめてそのような「田舎」に感謝し、また一時でも活力ある将来に思いを馳せてみることは、日本人として九州の地方人としての「人の道」とも思えます。

・いまや大都市ともいえる程に発展しつつある福岡市と、1時間も走ればたどりつく過疎化地域（田舎）、双方の助け合い譲り合いにより、東アジアに輝く大いなる「イナカ型大都市圏」を夢見て、本報告とします。

単身世帯比率（65歳未満）と住宅地平均価格

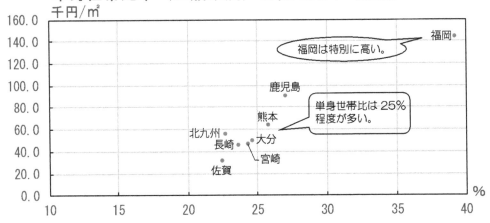

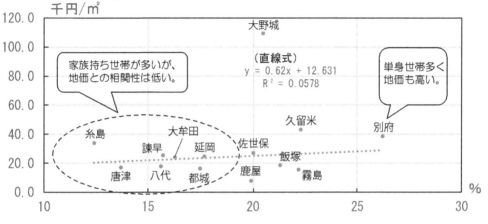

単身世帯比率（65歳未満）と住宅地平均価格

千円/㎡

家族持ち世帯が多いが、
地価との相関性は低い。

（直線式）
y = 0.62x + 12.631
R² = 0.0578

単身世帯多く
地価も高い。

近似曲線は大野城を除く

3．その他のコメント

(1) 総額について（表1　A×B）

　　A．Bの内容については、「1.データ一覧表」で触れたとおりであり、各市全棟全画地の平均を示すものではない。あくまでも代表性、確定性、安定性、中庸性の各原則を踏まえ、選定された地点のみの平均を当事務所にて算出したものであることを前提とする。
　　土地総額をA×Bにより求めたのが表2である。表2では土地代のほかに建物（地場ハウスメーカー）、事業付帯費用を加算して、住宅価格総額を想定してみた（T）。

　　((注) 福岡市と大野城市は福岡都市圏地価体系要因下で、
　　　　かつ他市よりも共同住宅敷地が多く含まれるので、
　　　　ここでは除き20市を対象)

表2

No.	都市名	土地代 Ａ×Ｂ　百万円	建物との合計（Ｔ）百万円 （付帯費用 20%込として）	次ページ曲線に よる推定値
1	北九州	14.92	35.90	34.63
3	大牟田	6.44	25.73	24.22
4	久留米	14.54	35.45	34.82
5	飯塚	6.75	26.10	27.93
7	糸島	11.42	31.70	30.59
8	佐賀	11.56	31.87	35.61
9	唐津	7.48	26.98	25.65
10	長崎	11.66	31.99	31.62
11	佐世保	6.74	26.09	30.36
12	諫早	8.15	27.78	28.99
13	熊本	15.78	36.93	36.27
14	八代	5.98	25.17	25.60
15	大分	13.94	34.73	37.92
16	別府	8.70	28.44	26.03
17	宮崎	15.03	36.03	33.00
18	都城	6.74	26.09	25.65
19	延岡	7.27	26.72	25.04
20	鹿児島	21.20	43.44	34.25
21	鹿屋	3.94	22.72	25.23
22	霧島	5.25	24.30	28.04
平均		10.17	30.21	

建物　15 百万円として（15 万円 /㎡× 100㎡）

（総額）グラフＴ

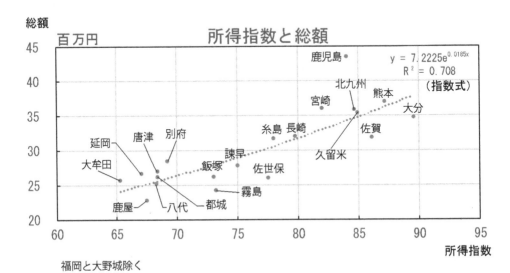

総額
百万円　　　　　　　　　所得指数と総額

福岡と大野城除く

　相関性を見るため、表2によるＴと、単回帰で最もＲ²の
高い所得指数（表1Ｄ）の散布グラフと近似曲線を表示した。
そしてグラフＤから福岡市と大野城市を除いたグラフＤ´を
次に掲げ対比してみる。

全部 (土地単価)グラフD′

所得指数と住宅地平均価格

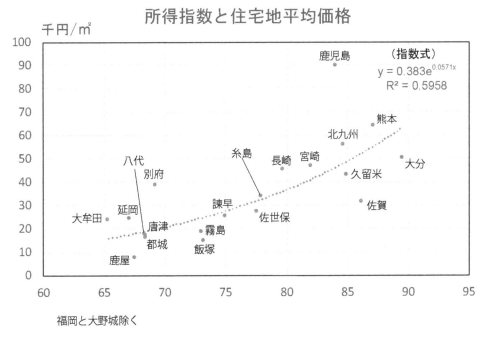

千円/㎡

（指数式）
y = 0.383e^{0.0571x}
R² = 0.5958

福岡と大野城除く

　R²はグラフD（単価対象）よりも、上のグラフD′（福岡と大野城除く）の方が低くなったが、それでも高い値になっている。

コメント

① 採用した20市について次の項目についての最大と最小の倍数を見てみた。（公表値）

	最大		最小		倍数
住宅地地価1㎡当り価格	鹿児島	90,200	鹿屋	8,200	11倍
土地代（A×B）	鹿児島	2120万	鹿屋	394万	5.38倍
土地建物（T）	鹿児島	4344万	鹿屋	2272万	1.91倍

　1㎡当り単価より土地総額の方がレンジは狭くなり、Tではぐっと縮まる。ちなみに所得指数での最上位（大分市）と最下位（大牟田市）の倍数は1.37倍となっている。

② ①で所得と土地建物総額はかなり相関性が高いと推定されるが、グラフD′（単価）とグラフT（総額）でも、R^2はグラフTの方が高く総額相関性が高いことを裏付けている。

③　実際の分譲住宅販売価格は、全国系大手ハウスメーカーでは、都市差はさほど関係なく、4千万円前後、一方地場工務店系では2千万円〜3千万円で都市差も見られる。また購買力に対応するため土地面積は100㎡〜150㎡、建物面積も100㎡以下にするなどして販売総額を調整しているようである。

　　とはいえ、上記グラフの傾向はこれら市場実態と大きくはかけ離れていないようである。

(2) 住宅地地価（Ａ）と重相関係数（Ｒ²）の高い所得指数（Ｄ）、
　　ＤＩＤ比（Ｅ）を採用し、重回帰式（式Ｍ）を適用した
　　場合の公表値と推計値 (注)

（(注) 重回帰式　Ｙ＝a₁x₁＋a₂x₂＋ … ＋c
　　統計学について全くのド素人であり、エクセルで得られた概要の
　　うち、係数のみを見て式を表示した。
　　他の分析表数値により、補修正等が示唆される場合でも、ここで
　　は深入りしないこととするので、読者におかれてもその程度の
　　レベルと読み流して頂ければ幸いです。）

・公表値と推計値の開差率は、福岡市を除く 21 市のうち、
　11 市は 20％以内にあり、他はズレが大きい。

　　　重回帰式（補正 R²＝ 0.80074）
　　　平均価格＝ 1586.161 ×所得指数＋ 566.5557 ×
　　　　　　　　　　　　　ＤＩＤ比－ 119115　（式Ｍ）

	D	E	公表値	推定値
	所得指数	DID比	平均価格（円／㎡）	
北九州	84.6	89.9	56,300	66,008
大牟田	65.3	82.6	24,300	31,259
久留米	84.9	61.7	43,400	50,507
飯塚	73.0	38.5	18,900	18,488
大野城	97.9	96.3	109,200	90,730
糸島	77.9	52.0	34,400	33,908
佐賀	86.1	58.8	32,100	50,767
唐津	68.4	29.3	17,400	5,979
長崎	79.7	73.1	45,900	48,718
佐世保	77.5	59.6	27,500	37,580
諫早	75.0	43.9	25,800	24,719
熊本	87.1	79.3	64,400	63,968
八代	68.3	43.3	18,000	13,752
大分	89.5	71.7	50,500	63,469
別府	69.2	88.2	39,000	40,618
宮崎	82.0	69.4	47,400	50,270
都城	68.4	38.4	16,400	11,135
延岡	67.1	65.7	24,800	24,540
鹿児島	84.0	80.4	90,200	59,674
鹿屋	67.5	28.9	8,200	4,325
霧島	73.2	39.0	15,400	19,088

福岡市除く

(3) データ外市町について式Mを適用した場合の公表値と
推計値

	D	E	公表値	推定値	人口
	所得指数	DID比	平均価格（円／㎡）		（人）
宇美	73.5	60.6	49,000	31,802	37,713
岡垣	75.5	36.4	22,100	21,263	30,891
鳥栖	86.3	55.9	42,000	49,442	74,618
中津	75.5	31.6	15,400	18,544	82,709
玉名	69.6	17.6	18,100	1,254	64,399
姶良	69.8	48.9	18,000	19,304	76,626

　　データ外の上記各市町をサンプル的に抽出し、公表値
（R2県地価調査住宅地平均価格）と、式Mによる推計値を
比較してみた。

・宇美町は大野城市同様、福岡都市圏特有の地価体系下
　にあり、かなりの開差が生じている。
・玉名市は、DID比が極端に低いことに起因し、異常
　値が推定されている。
・他の4市町は、序列も同じで概ね式Mで説明される傾
　向に近い。

(4) 感想

・ 1㎡当り価格は、福岡市、大野城市、鹿児島市で他の都市の傾向値よりもかなり高いため、近似曲線では敢えて福岡市、大野城市を除いたケースもある。

・ 面積は思ったよりも幅広く分布している（223㎡〜480㎡）。広域合併もあり、郊外村落にも選定（市街地よりも少ない）されていることにも起因している。ＤＩＤが小さい場合、郊外拡散度が高いこととの関係は検討していない。

・ 地価が高ければ面積は狭く、逆に安ければ広い傾向が伺われる。

・ 人口が多い程、地価は高いという傾向はあるが相関性は思ったより低い。

・ 課税対象所得を指数化した数値では、地価とのかなり高い相関性を示す。購買限度額との連動性があると伺われる。

・ ＤＩＤ比も地価との相関性は高い。ＤＩＤ比は別府と大牟田がかなり高いことを改めて知った。

・　65才未満（子供と生産年齢人口）の働き盛りが多い
　　程地価は高いことが推定された。地価は低いが霧島市、
　　諫早市、鹿屋市は65才未満比率が高いことを知った。

・　相関度は65才未満比率と同様さほど高くないが、単
　　身世帯比率も高い程、地価は高い傾向にある。別府の地
　　価が高いのは大学生、観光産業が背景にあるようである。

ＪＲ博多駅前の景色

2020 年 4 月

↓

2021 年 8 月

おわりに
― やがて、九州がおもしろい in 東アジア ―

　私（安木）は、鹿児島県の姶良郡で中学高校時代を過ごし、地方の大学卒業後、大手鑑定会社（大和不動産鑑定㈱）で修業させて頂きながら鑑定士受験と合格、古希目前の今、福岡市で不動産鑑定士としてささやかな日々を送っている。先述のグラフを見つめつつ地価と都市属性を眺めようと思っていたが、各都市の厳しい状況に目が向き、郷愁や、グラフの各都市は全て鑑定で伺ったこともあるためか、「がんばって下さい、がんばりんしゃい、きばいやんせ」の気持ちに包まれてきた。

　それぞれの地元におかれては、多大なエネルギーを割いて、地域住民の生活向上、輝く地元づくりに、邁進されているであろうところに、「釈迦に説法」、余計なお世話ではあるが、一九州人として私なりに、ごく細やかな想いを整理してみることとした。

　＜幼い頃＞
　　世の中は大きく変わった。幼少期過ごした旧霧島町での残影は、真空管のラジオ、東京は宇宙のどこかにある、薪・炭、手回しの電話、手紙、情報・政治は受けるだけの一方通行、新燃岳・桜島の爆発と穏やかな時の美しさで「大自然は神だ」、珍しい舗装道 ---。きりがない。が

しかし、貧しくとも穏やかな日々（私の知らない親なり
の苦労は多々あっただろうが）と、村や近くの小都市に
は活気が、そして人と人との間には想いやり、助け合い
（人様、お陰様）が満ちあふれていたと記憶はよみがえる。

＜あと７年喜寿の頃＞

　コロナ禍で、生活や経済活動のあり方自体が変わるか
もしれない大混乱下にある。一人になる空間を求め、大
きい戸建、本宅以外の別のマンション、東京以外でのテ
レワークスペース等が求められていくかもしれない。今
後への影響は大きくて見通せない。ここでは世界的にコ
ロナが終息しコロナ前に戻っているものと想定するの
で、皆様もそのつもりでお読み下さい。

　東京に人材、食料、エネルギーを、地元で安い労働力を提
供し続けたが、結果としては「東京国」と「地方国」の分断
が進み、異なる土俵でしか語れない。
　工場誘致、新産業都市、列島改造等の施策や、九州ではＩ
Ｃランド、自動車産業、食糧基地等の恩恵はあるが、これら
による富の蓄積は基本的に東京である。

　最近（令和２年）の地方問題キーワードは「地産地消」や
「エネルギーのエリア内循環」もあるが、「関係人口の創出」
が目玉ではなかろうか。交流人口、二拠点生活、対流人口論

の延長にあると思うが、みんなが参加でき、九州で生き続けられ（経済は二流、三流であっても）、九州でもメシが喰える、それらへの「立ち位置」として大賛成である。まずは人材。東京を向かない東アジアの一員として、職人技、文化芸術、頭脳、デジタル技術者、企画立案、広報等の、帰郷者を含む人材の取り込み優遇策を大胆に行い、農業、観光は勿論、新産業創出につなげていく。時間のかかることではあるが、第一歩として「関係人口」を増やす。「可愛い子には旅をさせよ」都会に出たり大冒険したりはむしろいいことだが、「ふる里」に持ち帰る土壌が出来ればいい。

　ともかく外国人を含め「関係人口」を増やそう。「九州は英語、中国語、韓国語を話す人が多いらしい」、「九州とのやりとりは優遇されるらしい」、「九州は人様、お陰様のポリシーが基本らしい」、「九州は農業、観光、文化芸術、先端産業のレベルが高いらしい」、「今、九州がおもしろい」などと言われ出したら嬉しい。勇気、行動、思いやりの西郷さんや、中村哲さんを生んだ土地柄でもあるし。

　私が喜寿を迎える頃（あと７年）、口先ばかりの勝手な夢が、「九州は国内外から多くの人が、文化活動、仕事、観光で来ているし輝いているね」となっていくことを願って、本レポートの「むすび」とします。

　（九州は今年も大災害に遭ってしまいました。被災地の皆様には心よりお見舞い申し上げます。）

〈著者〉
安木　徳男（やすき　のりお）

昭和26年生まれ。昭和53年3月不動産鑑定士登録。昭和58年4月㈱アプレイザル福岡設立。旧㈳福岡県不動産鑑定士協会会長、旧㈳日本不動産鑑定協会理事、全国競売評価ネットワーク理事、同企画委員長、国税局福岡県統括鑑定評価員、福岡県国土利用審議会委員、福岡地裁簡裁民事調停委員、（公社）日本不動産鑑定士協会連合会綱紀懲戒委員、福岡土地活用懇話会創設専務理事等歴任（一部現任）

〈編集協力〉川内　清香　　不動産鑑定士事務所
　　　　　　　　　　　　　（㈱アプレイザル福岡・TEL 092-481-1106）

地方 不動産鑑定士の現場から
ISBN978-4-434-29582-9　C2030

発行日　2021年10月10日　初版 第1刷

著　者　安木　徳男
発行者　東　　保司

発　行　所

櫂 歌 書 房

〒811-1365　福岡市南区皿山4丁目14-2
TEL 092-511-8111　FAX 092-511-6641
E-mail:e@touka.com　http://www.touka.com

星雲社（共同出版社・流通責任出版社）